PROPAGANDE
RÉPUBLICAINE & SOCIALE

PAR

P. PARICH

DISCOURS

DE

Félix PYAT

Député des Bouches-du-Rhône

Prix : 10 Centimes

S'ADRESSER A L'AUTEUR : BOULEVARD CHAVE, 129

MARSEILLE

AVANT-PROPOS

Nous n'avons pas besoin de faire la Biographie du Citoyen FÉLIX PYAT, le vaillant défenseur de la noble cause du peuple. Tout le monde connait l'intégrité du héros républicain qui a sacrifié fortune et honneurs pour le bien de l'humanité !

18 MARS

Discours de Félix PYAT

Citoyens,

La Commune a deux grandes dates inséparables dans sa noble histoire, Mars 1871 et Septembre 1792, les deux plus grandes manifestations du plus saint des devoirs « l'insurrection » et pour la même loi suprême : le salut public !...

Salus populi. La Commune de 92 a sauvé la France par sa victoire, celle de 71 a sauvé la République par son sacrifice ! Même honneur aux deux !

92 a déclaré la souveraineté nationale ; 71, la souveraineté communale, base nécessaire de la République même. Pas de République sans Commune. La Commune est la petite République comme la République est la grande Commune. La souveraineté nationale n'est que la somme des souverainetés communales, et la souveraineté communale, la somme des souverainetés individuelles. Le droit républicain vient d'en bas, non d'en haut. Ce n'est plus le droit divin du Pape et du Roi, c'est le droit humain de l'Homme et du Citoyen.

C'est ce droit populaire que 71 a voulu après 92, qu'il a continué et complété. National, il a vengé la France en chassant de Paris le gouvernement des traîtres qui avaient livré Paris et mutilé la France. International, il a vengé l'Humanité en rasant la Colonne des empereurs. Démocrate, il a vengé le Peuple en rasant les Tuileries des rois. Socialiste enfin, il eût vengé le Travail et fondé la vraie République en rasant la Banque des Juifs. Il n'a pas été révolutionnaire jusque là. Il perdit la victoire en ne l'achevant pas, en ne poursuivant pas l'ennemi à Versailles, et en ne saisissant pas sa Caisse à Paris.

Hélas ! la Commune s'est follement arrêtée devant Versailles avec ce mot fédération, comme si l'ennemi pouvait être fédéré, et devant la Banque avec cette légende : « Mort aux voleurs ! » comme si les voleurs n'étaient pas à la Banque. Ces honnêtes scrupules de la Commune ne l'ont pas exemptée d'ailleurs de toutes les accusations possibles, vol, meurtre, pétrole, etc. Au contraire, l'histoire bourgeoise des vainqueurs, les vaincus n'en ont pas, lui a fait un renom d'énergie et la gloire d'une audace qu'elle ne mérite malheureusement pas. 71, soyons vrais, a été plus bonasse même que 1830 et 48 qui mirent au moins leurs rois en voiture, sinon en charrette comme 93. 71 laissa ses maîtres se rallier tranquillement à Versailles ; pour ne citer que les deux cas qui lui sont les plus reprochés : la mort des généraux et celle des otages, la Commune en est parfaitement innocente. A la mort des généraux, le 18 Mars, la Commune n'existait pas encore, à celle des otages, le 24 Mai, la Commune n'existait plus. C'est M. Thiers qui est coupable par son refus d'échanger les otages et c'est le Peuple, le Peuple seul, qui furieux des assassinats de Versailles, prit lui-même la loi des représailles en main, et fit justice.

La vérité est donc que la *louve* a été brebis ; qu'elle n'a point attaqué et qu'elle n'a su que mourir ; qu'elle a même eu l'extrême bonté de fournir ses propres verges et d'envoyer à Versailles l'argent qui servait à la tuer. Oui, la vérité est que ses délégués aux finances, des Judas, Baslay et autres, ont sauvé l'argent de l'ennemi, un vrai loup, ou plutôt moitié renard et moitié loup, aussi rusé que féroce dans toute sa conduite envers la victime qui fut d'un bout à l'autre sa dupe et sa proie.

C'est en effet Versailles qui, après avoir manqué son attentat sur les canons de Montmartre, le 18, convoqua le 26, les électeurs par affiches, signées des députés et maires de Paris, contresignées des ministres de M. Thiers ; affiches invitant le Peuple à nommer sa Commune, seul moyen, disaient-ils hypocritement, de pacifier Paris. Convoquée par eux, élue par le Peuple, la Commune fut immédiatement et traîtreusement attaquée, sans l'ombre d'une raison, par l'armée de Versailles à Neuilly, comme si Versailles n'eut voulu réunir la Commune que pour mieux l'abattre d'un seul coup, sachant bien que l'Hôtel-de-Ville était la forteresse de la Révolution et qu'en y écrasant la Commune, il écraserait la République au profit de la royauté. Mais Paris a la vie dure... et malgré les efforts unis des Prussiens de Versailles... et de Berlin, malgré les défections et trahisons de ses chefs militaires et civils, la longue résistance de Paris obligea les royalistes à garder la République pour vaincre la Commune. Ils comprirent qu'ils ne pourraient la vaincre par la Royauté ; et c'est ainsi que la Commune a forcé Versailles à la République. Paris, pour la peine, fut assiégé, affamé, bombardé, massacré, saccagé et transporté, mais la République fut sauvée. C'est pourquoi nous fêtons aujourd'hui le 18 Mars. Nous devons la République à la Commune.

Buvons aux deux, au retour de la Commune à l'Hôtel-de-Ville, de la Convention au Louvre et de la Raison à Notre Dame, à l'accomplissement de la Révolution, l'entière souveraineté du Peuple !

Le but de la Révolution est d'assurer au peuple souverain les trois attributs de la souveraineté, le vote, le sol et l'arme. Il n'en a qu'un seul à présent, le vote, avec lequel il peut pacifiquement conquérir les deux autres. Il faut donc qu'aux prochaines élections, entendez bien, le travailleur industriel, agricole et maritime puisse défendre lui-même la cause du plus grand nombre qu'il représente. Dans la Commune de Paris, il y avait vingt ouvriers au moins, un quart des membres, pas assez, sans doute, mais comptez à la Chambre, sur six cents députés, il y a trois ouvriers. Par son grand sacrifice, par sa lutte et sa chute héroïque, Paris a garanti l'avenir. Ce que Paris a voulu est debout, ce que Versailles a voulu est tombé. La Royauté est morte et la République vit et la Commune revivra. Son drapeau, qui n'est pas tricolore, qui n'est pas celui de César ni de la guerre, mais celui du droit et de la paix, le drapeau international, rouge du sang des martyrs du travail, partout, à Marseille et à Paris, ce drapeau qui n'est pas pendu à Berlin, ni pris ni rendu, mais brûlé par le Peuple, renaîtra de ses cendres comme l'Hôtel-de-Ville et reflétera à Paris comme à Marseille, dans ces deux communes sœurs, qui ont toujours combattu ensemble, au Dix Août comme au Dix-huit Mars, avec la même gloire, pour la même cause, le triomphe de la République démocratique et sociale, universelle.

Des applaudissements frénétiques accueillent et soulignent le magnifique discours de Félix Pyat. Le silence est long à se rétablir, car les bravos vont toujours grandissant, au milieu de l'enthousiasme général.

Le Centenaire

Voici le mois centenaire de la Révolution de 1789. Le mois de Mai où le Député de Provence, le grand tribun marchand de drap, Mirabeau, jeta à l'officier du Roi cette foudroyante réponse :

« Allez dire à votre maître que nous sommes ici par la volonté du Peuple et que nous n'en sortirons que par la force des bayonnettes. »

Tout était dit, deux souverains étaient désormais face à face, Peuple et Roi.

L'un devait supprimer l'autre au 21 Janvier.

Le Centenaire en 1889 commence donc à cette heure : Canons, *Marseillaise*, Revues, Exposition, Processions, même, dit-on, Banquets, Discours, Feux d'artifices, bruits et fumée, tout le programme officiel du Gouvernement en l'honneur de la Révolution. Soit ! la consécration du passé et l'enseignement de l'avenir. Hommage aux pères, exemple aux fils ! Mais le meilleur moyen d'honorer, c'est d'imiter.

Voyons donc comment 1889 imite 1789 !

Les Pères déclarant les Droits de l'Homme, affirment la Souveraineté du Peuple, proclament les trois principes :

Liberté, Egalité, Fraternité.

Liberté ! Le 14 Juillet ils prennent la Bastille, délivrent les prisonniers et rasent la prison. Aujourd'hui les fils ont relevé la Bastille Mazas ! plus une Bastille coloniale, exil et prison, Nouméa ! Bérezowoski, le régicide, le socialiste Nourit Cyvoet et les mineurs de Decazeville sont aux bagnes de la troisième République, malgré cinq amnisties et attendent vainement leur grâce sous la présidence d'un enfant de régicide mort proscrit à Magdebourg.

Egalité! La nuit du 4 Août, titres, croix, ordres, parchemins, brevets, privilèges de toutes sortes, en un mot la Noblesse est abolie par les Pères. Aujourd'hui, pour la célébration du Centenaire, les fils décrètent quinze cents décorations de plus dans l'Ordre Impérial de la Légion d'Honneur. Ils augmentent la Noblesse qu'a refaite Bonaparte en même temps que l'Eglise, quand il voulut rétablir le trône. Il n'y avait que trois mille nobles en 1789; ils sont maintenant, *Légion*, 20,000, Légion de l'Honneur et par conséquent, nous autres, Légion du Déshonneur! Le Souverain, le Peuple redevient *vile multitude*, les chevaliers sur la tête des citoyens... C'est ce qu'ils appellent honorer la Révolution.

Fraternité! « Nous ne sommes pas vos frères, avaient dit les Nobles au Tiers, nous sommes vos maîtres. A genoux donc! » Et le Tiers se redressant, répliqua: « Notre ennemi, c'est notre maître » et nivella tout sous le triangle de Sanson.

Les fils aujourd'hui crient encore à la VILE MULTITUDE: nous sommes vos maîtres! Et leur chef, satisfait après dîner au Grand-Hôtel, dit au peuple en grève à Marseille comme à Lille: Ingrat, exigeant, « vous avez plus de droit que vous n'en pouvez digérer ». Et le pauvre souverain affamé de pain comme de droits, perdant espoir et patience, est prêt à vendre, comme Esaü, sa vaine souveraineté pour un plat de lentilles, au premier César venu.

Célébrer ainsi la Révolution c'est la contredire, c'est l'annuler, c'est la déshonorer.

Républicains Socialistes aux urnes! La vraie commémoration du Centenaire sera l'élection d'Octobre. Le véritable hommage sera l'imitation, célébrer la Révolution, c'est l'accomplir, c'est rendre au Peuple enfin toute sa Souveraineté plénière, tout ce que possédait le Roi, qu'il a remplacé, les trois attributs indivisibles du Pouvoir suprême, « le vote qui dispose, le sol qui nourrit, et l'arme qui défend. »

C'est donc sur ce principe de la Souveraineté absolue, intégrale que nous devons nommer nos nouveaux représentants. Voilà le mandat impératif qu'il faut leur donner, leur imposer si nous voulons sauver République et Patrie, si nous ne voulons pas, une troisième et dernière fois pour notre France, l'usurpation, l'invasion et la Restauration.

SOCIALISME
Opportunisme et Boulangisme

Le Boulangisme a commencé sa campagne électorale. Il a choisi ses candidats, ceux qu'il propose et ceux qu'il n'oppose pas ; c'est-à-dire ceux qui sont ses amis et ceux qui ne sont pas ses ennemis. Ce qui, au fond, est la même chose, selon le mot de l'Évangile retourné « Qui n'est pas contre moi est pour moi. »

Point de doute pour les candidats qu'il patronne ; ils sont certainement siens. Quant à ceux qu'il permet, nous estimons qu'il se trompe à l'égard de plusieurs peut-être et sûrement pour un. Défense de déposer de la Boulange auprès de certain nom. Mais César ne doute de rien. Il ose dire qu'il ne combattra pas le citoyen Cluseret ! Notre ami n'a mérité :

« Ni cet excès d'honneur, ni cette indignité. »

Le scrutin uninominal, cette dernière faiblesse du radical Floquet et sa chute, fait apparemment contre le Boulangisme a été réellement fait par l'opportunisme contre le socialisme victorieux le 25 mars 1888 dans l'élection des Bouches-du-Rhône et par suite le 9 Décembre dans celle du Var où le scrutin de liste avait favorisé la Révolution.

En effet, le scrutin uninominal qui nous revient de Sédan ne peut être que favorable à la Dictature. Notons bien que partout où M. Boulanger a passé d'emblée, dans le Nord, la Charente et la Seine, il s'est présenté seul ; et que s'il avait été suivi de ses non-valeurs, il eut moins réussi lui et les siens, à preuve Saint-Ouen où il a été ballotté. Le candidat des mécontents, a le mérite tout personnel d'*embêter*, comme on dit, le Gouvernement ; mais c'est un chiffre qui donne peu de valeur aux zéros qui l'entourent, tandis que ces zéros lui en ôtent. Il ne peut les faire réussir à coup sûr ; ils peuvent le faire échouer.

Le 27 janvier, à Paris, il a été élu seul, avec majorité absolue, dans 19 arrondissements sur 20. Se présentant encore une fois seul au scrutin uninominal, il pourra donc être élu dix-neuf fois au lieu d'une par le scrutin de liste, ce qui est infiniment plus prestigieux. Forcé au contraire par le scrutin de liste de se produire non plus seul mais avec une bouillabaisse de poissons ou de poissons orléanistes, bonapartistes ou papistes, il aurait pu remporter un ballottage et même un échec ; bref, il aurait eu de la peine à faire passer sa queue, si même il eut pu faire sortir sa tête de l'urne.

L'Opportunisme a donc fait l'affaire du Boulangisme en changeant le vote électoral.

Séparés ou réunis, Opportunisme et Boulangisme sont donc en réalité les ennemis du socialisme, avec lesquels toute alliance est pour lui impossible. Le pouvoir personnel et le pouvoir d'une classe seront toujours d'accord contre le droit de tous. MM. Ferry et Rochefort ont prêté serment à l'Empire et l'ont tenu jusqu'à Sédan.

Ainsi le Gouvernement Opportuniste est pour nous plus que dupe, il est complice du Boulangisme aussi bien que le procès devant le Sénat, que par le scrutin uninominal devant le Peuple. L'Opportunisme a fait le Boulangisme et ne veut pas le défaire. Quand on voit un Gouvernement décidé en apparence à frapper le plus mortel ennemi de la République, suivant pas à pas le criminel, le *filant* jusqu'à la gare du chemin de fer, l'escortant pour sa sûreté, le mettant dans le train de Bruxelles, fermant la portière du wagon... et puis, lui faisant un procès en contumace quand il est hors d'atteinte, et l'assignant par devant la Cour la plus impopulaire, la plus anti-démocratique, on ne peut s'empêcher de croire à la trahison.

Le Gouvernement pouvait-il faire arrêter Boulanger ? Oui ! L'a-t-il fait arrêter ? Non ! S'il avait l'intention de faire le succès de César aurait-il agi autrement ? Non ! L'Opportunisme est donc le premier Boulangisme et si par malheur le dictateur triomphait aux prochaines élections, si le Socialisme était vaincu, l'Opportunisme pourrait dire au vainqueur : Sire, nous pouvions être plus républicains que vous, ce qui n'était pas difficile ; mais dans votre intérêt nous avons refusé obstinément toute révision, toute réforme, même l'amnistie pour grossir le nombre de vos électeurs.

Nous pouvions vous combattre par le scrutin de liste et assurer le triomphe de notre seul ennemi, le Socialisme ; nous avons fait le scrutin uninominal qui vous a donné la victoire.

Nous pouvions vous arrêter ; nous vous avons laissé partir. Nous pouvions vous citer devant un conseil de guerre... vous savez mieux qu'un autre quelle en est la justice. Nous vous avons appelé devant le Sénat où la condamnation est l'absolution par le Peuple. Nous avons réussi pour vous et le salut de la France, faites-nous vos Ministres, c'est la récompense que nous attendons de nos services, nous avons mérité l'honneur de partager avec vous le profit et la gloire d'exterminer une troisième et dernière fois le Socialisme dans le sang de Paris et de Marseille... nous sommes pour la politique des résultats.

Président et Pape

Un vieil homme dans un vieux palais de la plus vieille ville du monde, laquelle a déjà vécu deux âges de ville au moins, de Romulus à Léon, le pontife d'une vieille superstition orientale, vêtu d'une robe comme une femme, Italien parlant latin, élu par septante vieux célibataires comme lui, chantant gloire au Dieu créateur avec des *soprani* castrats, n'ayant rempli aucun des devoirs de l'homme moderne, pas même ceux de l'homme antique, n'ayant jamais en dépit du *crescite*, ni planté un arbre, ni bâti une maison, ni élevé un enfant... fait, je ne sais pas, se disant pourtant père des hommes, papa, pasteur et agneau, *agnus-mundi*, vice-Dieu.

Oui, vicaire de Jésus-Christ, triple roi du ciel, du Purgatoire et de l'Enfer, le porte-clefs de tous les mondes, ayant le double glaive spirituel et temporel, le double pouvoir de lier et délier fondé sur les deux passions éternelles du cœur humain, l'espérance et la crainte, le sacro-saint souverain absolu, universel, infaillible, impeccable, inviolable et irresponsable, le Pape enfin, avec sa hiérarchie de cardinaux, d'évêques, son clergé régulier et irrégulier, ses ordres monastiques de toute jupe, de tout sexe et de tout âge, depuis l'enfant de chœur jusqu'à l'ermite, gouverne encore aujourd'hui royaumes, empires et républiques, leurs chefs et leurs sujets, cent millions d'hommes, les premiers ses complices, et les autres ses dupes, moyennant un vieux petit livre juif, la Bible sainte comme lui.

Les gouvernants, bon gré mal gré, fidèles ou protestants, baisent tous la mule de ce vieux prêtre pour son jubilé. Ils vont tous à Canossa. C'est à qui se prosternera trois fois, comme le veut l'étiquette, aux pieds de leur Saint-Père qui ne peut être saint s'il est père; ni père s'il est saint.

L'Empereur Guillaume, le Pape luthérien de Prusse, s'agenouille devant Léon XIII pour se concilier les catholiques Allemands.

Le Czar Alexandre, le Pape grec de Russie, s'agenouille devant lui pour se concilier les catholiques Polonais.

La Reine Victoria, la Papesse anglicane, s'agenouille devant lui pour se concilier les catholiques irlandais. A cette heure, la veuve de Windsor et le moine du Vatican en sont à faire *Chritsmas* ensemble, à marier pudding et macaroni, le gin de Balmoral et le vin de Lacryma-Christi !

De conscience et de foi pas l'ombre, pure hypocrisie et machiavélisme parfait ! Simple transaction entre le religieux et le séculier se partageant l'humanité. L'un prend l'âme, l'autre le corps. Le prêtre est le gendarme de l'ordre moral, et le gendarme est le prêtre de l'ordre civil ; le curé aide le sergot, et le sergot le curé ; et tout est pour le mieux dans le meilleur des mondes possibles en attendant le royaume des cieux.

Quand au président de la République, le libre-penseur et son premier ministre, le calviniste de Genève, ils ne font pas exception à la règle. Vous verrez au Jour de l'An, quels cadeaux !

Ces fils aînés de Voltaire et de Rousseau envoient leur ambassadeur au Pape et reçoivent son légat. Ils coiffent et paient ses cardinaux. Ils ne veulent pas de la séparation de l'Eglise et de l'Etat et maintiennent le Concordat. Pourquoi ? pour se concilier les députés catholiques.

A quoi bon ?

Le nouveau président doit avoir vu comme nous le signe des temps aux dernières élections législatives et sénatoriales, et même à l'élection présidentielle.

Certainement le pays s'est montré de plus en plus républicain et de moins en moins catholique dans le choix de ses représentants ; et l'Assemblée Nationale, dans le choix de son président, connaissait la foi de M. Carnot, aussi bien qu'il la connaît lui-même.

On s'est beaucoup préoccupé de ses prénoms. Quant à celui de *Sadi*, le problème a été résolu ; pour le second, *Marie*, comment ce prénom féminin est-il à un homme ? Ce n'est sûrement pas là un nom de baptême catholique, au moins pour un mâle. L'Eglise n'aurait pas permis cette anomalie baptismale... d'ailleurs notre président n'a pas été baptisé.

Son père, Hippolyte Carnot, un des sages de 48, n'était pas catholique, mais saint-simonien. Or, le saint-simonisme avait pour dogme la réhabilitation de la femme, l'égalité sinon la supériorité de la mère, l'intronisation de la Papesse à côté du Pape. De là, sans doute, le prénom de Marie donné par Hippolyte à son fils Sadi.

Mais comment Marie-Sadi Carnot, ce président non baptisé, ce saint-simonien croyant à la réhabilitation de la femme, élevé dans le culte du père et de la mère, peut-il s'agenouiller devant le père sans mère, maintenir le budget des cultes, le Concordat, la religion de l'Etat, et soumettre le vote universel au vote des cardinaux !

S'il croit au dogme du Dieu sans déesse, du père sans la mère, qu'il fasse pénitence, qu'il rende son prénom à la vierge Marie et prenne à la place celui de Lazare et de Jésus.

Si, au contraire, il croit impossible qu'il y ait paternité sans maternité, qu'il garde son nom saint-simonien !

Mais qu'il ait le courage de sa foi, d'un côté ou de l'autre ! ou France ou Rome ! Deux patries, point de patrie !

Il y avait du bon dans le Saint-Simonisme, outre le droit de la femme, les droits de la matière, le principe de solidarité et d'association, bref, le royaume de Dieu en ce monde !

La Rome impériale par la force, la Rome papale par la foi, n'ont pu faire l'unité humaine. La France Républicaine seule peut la faire par le droit et la science. Que le nouveau président choisisse donc : ou fils aîné de l'Eglise, ou président de la République ; ou l'association ou l'aumône ; ou la justice au ciel ou la justice sur terre. Bref, qu'il distribue sa liste-civile aux membres souffrants du Christ, pour le jubilé du pape, ou qu'il organise le travail pour le Centenaire de la Révolution !

Aux vrais Républicains Socialistes

Le Peuple a toujours été le nourricier et le porte fardeau des politiciens et cela ! sous tous les différents régimes.

La République politique à l'intérieur, ne saurait pas plus améliorer la situation des Travailleurs, que ne l'ont pu, le peuvent, et ne le pourront toutes les monarchies passées, présentes et futures. Non! la République politique méli-mélo de toutes les intrigues, et de toutes les prostitutions réactionnaires doit disparaître, pour laisser la place libre à la République économique et sociale! Les travailleurs manuel, industriels, écrivains ou scientifiques, ont pour devoir d'imposer leur ferme volonté ! d'en finir une bonne fois, avec tous les politiciens d'intérêts personnel et de castes !

Toutes ces vermines sont déjà entrain de se remuer dans tous les coins de la France en prévision des prochaines élections. La majorité de la Chambre des Députés, tous faux républicains (?) se voyant acculer par le scrutin de liste, se sont avisé de se hâter de rétablir le scrutin uninominal comme planche de salut, afin d'échapper au naufrage en se créant une majorité dans leur petite chapelle aux moyens d'agents électoraux, par la corruption de l'argent et de fausses promesses.

Citoyens, il faut déjouer ce plan jésuitique ! Il faut ne plus pouvoir nous tromper ; il faut que les voix de tous les sincères républicains ne puissent plus se diviser sur des noms de personnes, soit par amitié, soit par confiance, la chose est facile et certaine, voici :

Au premier tour de scrutin, il faut que chaque département lève son vrai drapeau républicain ! et que, dans tous les arrondissements, dans toutes les circonscriptions et dans tous les bureaux de vote, tous les républicains ne votent que pour le drapeau !

Seront reconnus traîtres à la république économique et sociale tous ceux qui, se disant républicains socialistes, oseraient se porter contre.

Sauvons d'abord le drapeau !

Au deuxième tour, les électeurs n'auront qu'à choisir pour occuper les places conquises ; les plus méritants qui, défendant le drapeau, auront su rester ferme dans cette discipline exigée par les fâcheuses circonstances, créées par tous les joueurs à la politique de tripots !!

Dans le département des Bouches-du-Rhône, nous ne saurions choisir pour notre vrai drapeau Républicain Socialiste, un citoyen plus digne que notre vaillant et vieux lutteur, FÉLIX PYAT.

Celui-là, n'a jamais trahi le peuple pour le livrer ou le vendre à l'ennemi. Tous les fidèles à la République Sociale, ne formeront, au premier tour, dans les Bouches-du-Rhône, qu'une seule et même voix pour protester sur son nom, contre la république papale et des tripoteurs !!

Nous souhaitons à tous les autres départements un choix aussi digne et aussi méritant que le nôtre pour le triomphe de la vraie République.

A bas, les fainéants.

Vive les Travailleurs.

--------◆❌◆--------

« Le travail est l'origine de la richesse. »

DISCOURS

« Le capital est une avance constituée par le travail. »

DE

P. PARICH

Citoyens,

La grande question économique qui agite actuellement l'Europe et même l'Univers entier, est une grave transformation sociale à résoudre par la Révolution scientifique. Il ne faut pas confondre la Révolution scientifique avec la Révolution violente, comme certains Révolutionnaires le prétendent, qui servant des intérêts divers et opposés à ceux du peuple, défendent les intérêts de la réaction.

Les vrais Socialistes prennent pour devise ceci : Tous les gens honnêtes ont droit à l'existence ; nous voulons dire tous ceux qui travaillent. — La fainéantise, l'oisiveté, la débauche et la corruption sont écartés de notre classe et de notre programme.

Nous ne saurions tolérer dans nos rangs des gens malhonnêtes ! ni des Révolutionnaires turbulents, ne pensant absolument rien de ce qu'ils disent aux électeurs ; car les moyens qu'ils préconisent étant inapplicables, seraient désastreux pour la Société.

Par conséquent, ce sont des fous, des idiots ou des coquins inconséquents, avec les principes sociaux, dont les réactionnaires sont les pires ennemis ; plus ils sont leur marche-pied.

Ces Candidats à toutes les sauces seront nombreux au prochaines élections législatives ; que les électeurs se tiennent sur leur garde, qu'ils scrutent bien le passé politique et privé, si besoin est, du candidat, à seule fin de ne pas se tromper sur le choix qu'ils feront. C'est de là que dépend le sort de la République. — Le passé est une garantie incontestable, l'avenir nous l'ignorons ; promettre monts et merveilles n'est pas difficile. Tel ne promet rien fait plus que ceux qui font des professions de foi ; nous en avons l'exemple frappant sous les yeux, en regardant nos représentants de la Chambre et nos édiles du Conseil Municipal et Général des Bouches-du-Rhône.

Ils ont beaucoup promis et rien tenu, surtout certains hableurs de réunions publiques. On pourrait appeler ces deux corps réunis : le conseil suprême des vœux ! mais non d'actes accomplis.

Si nous voulons améliorer la situation extrême où le prolétariat se trouve acculé, ce ne sont pas des fanfaronnades ni des mots sonores de rhétorique qu'il nous faut ; les belles phrases ne diminuent pas les impôts et n'allègent pas la position sociale des ouvriers des champs et des villes.

Il n'y a que le but économique que tous les Socialistes de bonne volonté nous voulons atteindre, et qui, proclamant l'unité de tous les cœurs justes et humanitaires, peut arriver à résoudre ce problème.

D'ailleurs, pour que la France prospère, il faut cesser nos divisions intestines, c'est ainsi que la République triomphera de ses adversaires. Donc, unissons-nous tous, Républicains et Socialistes de bonne foi, sous le même drapeau, drapeau du salut social.

Quant aux faiseurs d'États, laissons les pérorer leurs principes arbitraires, en leur opposant l'État général, représentation directe émanant du peuple souverain sans distinction de castes, à tous les États partiels et particuliers qui ont pu se former jusqu'à ce jour, en administrant la Société à leur profit personnel et au détriment de nous tous.

Pour que nous puissions obtenir ce résultat efficace, appliquons-nous à chercher le remède du régime électoral, détruire les abus qui constituent la plaie anti-sociale républicaine, cangrénant le suffrage universel jusque aux os !

Pour arriver à ce haut degré de perfectionnement et d'égalité : Mettons dans notre programme que les élections se fassent aux frais du Département quand elles sont législatives ou départementales, aux frais de la Commune quand elles sont communales, et surtout, ne pas oublier le mandat impératif et le référendum.

Alors, seulement, le vote universel aura acquis le sublime idéal qui dit : Le peuple maître !

Naturellement, tous ayant les mêmes devoirs, c'est très juste que nous ayons les mêmes droits; alors par cette réorganisation du système électoral, la base fondamentale de la Société ne sera plus ébranlée ni terrorisée par les ambitieux, ni par aucun mouvement spontané des ennemis de la République telle que nous la désirons.

A présent, je vais développer en peu de mots, quelques points de la question économique dont je me suis écarté.

Qu'est-ce que la question économique et quels sont ses attributs dans l'ordre agricole, commercial, industriel et artistique, tant au point de vue politique, social, physique et moral ?

Quant une classe de ces huit est atteinte, toutes les autres s'en ressentent ; et principalement, si c'est l'ordre agricole qui reçoit le choc; le coup est fatal pour la société. Quelquefois cela seul peut décider du sort d'une nation !

Aussi je ne cesserai de répéter qu'on ne saurait jamais trop protéger les Agriculteurs. Quant aux autres, ils ne sont que secondaires, mais ils méritent toute l'attention des hommes compétents en cette matière; ils jouent un rôle très prépondérant, qui est l'honneur et la sauvegarde de tous les peuples civilisés.

Je prends ces huit points cardinaux, qui divisés et subdivisés, et qui ensuite, par les effets de la décentralisation doivent se réunir dans un même faisceau constituant l'Etat général, qui annulera les prétentions des petits esprits téméraires, les réduisant à leur simple valeur pour ne pas dire incapacité.

Si je me place sur le terrain d'études trop vastes, certainement que je ne puis étendre davantage dans ce petit opuscule, j'ai cru cependant en faire un abrégé très court, qui initiera le lecteur sur les droits qu'il doit avoir et dont la bourgeoisie le déposède.

J'ai dit dans un de mes manifestes : Qu'un peuple n'est libre que quand il est grand, et il est grand quand il est libre ! pour cela, il faut qu'il comprenne bien l'organisation de l'Etat et de ses rouages administratifs.

Alors, il se rend compte des dépenses et recettes budgétaires, on ne peut plus le tromper, rien ne doit lui être caché, quelquefois le citoyen le plus intime, peut tirer son pays de l'embarras.

Ainsi, quand on nous parle de transactions commerciales et industrielles, proprement dit : des rapports sociaux internationaux qu'ont les différents peuples de l'univers entre eux, c'est sur le terrain économique et politique qu'on se place. Toutes les richesses d'un peuple, coûtent de la peine à ceux qui les produisent par un labeur honnête, par conséquent, il me semble qu'il serait juste qu'ils en bénéficient.

Tout ce qui est fait par la main de l'homme, par son génie et son talent, appartient à lui ou à la collectivité, cela dépend de sa position sociale où il se trouve placé.

Mais il ne saurait en être de même dans une Société bien organisée ; notamment, tout ce qui est créé de par la nature sans que l'homme y touche, ne doit pas être l'apanage d'un seul ; il doit appartenir à tous les membres de la famille humaine. De quel droit, quelques oppresseurs soutenus par des tyrans et des potentats, doivent-ils jouir de tous les privilèges et de la fortune produite par le travail, laissant mourir d'inanition ceux qui leur procurent ces jouissances ?

Qu'on ne vienne pas me dire que ce sont là les conséquences fatales qu'entraîne la civilisation, non, non ! ce ne sont là que les causes d'une Société mal gérée, administrée par des incapacités notoires et sans talent.

D'autre part, il existe une classe d'intrigants « malfaiteurs publics » que la loi étant faite exprès pour eux, ont jugé à propos d'en faire leur patrimoine individuel, régime barbare qui n'a rien de commun avec le bon sens et la saine raison, ni aucun rapport avec la vraie justice. (La justice des justes, n'a jamais existé ! . .

Les Travailleurs ont donc raison de vouloir être représentés au Corps-Législatif pour soutenir leurs propres intérêts ; sans cela, ils seront toujours les victimes du capital monopolisateur. On les enverra bien au Tonkin ou ailleurs, se faire crever la peau ou mourir dans d'affreuses souffrances! fruits des maladies qu'ils contractent, telles que choléra, fièvres, etc., etc.

Puis après s'en être servi, on les méprise, en les regardant comme des esclaves n'étant pas dignes de la liberté. Voilà la récompense que la bourgeoisie leur offre pour toutes les richesses acquises et conquises par eux ne profitant qu'à quelques-uns.

— Va, nu pied ! va, esclave! puisque tu ne sais pas mourir pour l'affranchir et que tu sais mourir pour subir le joug féodal que nous t'imposons.

Tel est le langage de MM. les bourgeois , au point de vue économique et social.

Relativement au gouvernement, il doit être composé de toutes les branches actives qui forment le corps social. Par ce procédé, on obtiendrait une armée d'élite de représentants, pouvant discuter sur tout, et non une bande d'aventuriers : médecins, avocassiers de tout ordre, et que sais-je encore, ne connaissant absolument rien de la vie pratique : la mère nourrice des peuples. La théorie me fait rire ; je la compare à ce tas de bavardes qui se chamaillent au lavoir, sans savoir ce qu'elles disent.

Un gouvernement républicain doit s'occuper sérieusement à rechercher tous les moyens possibles et pratiques, qui peuvent donner beaucoup d'étendue, d'espace et d'essor à ses relations internationales, favoriser et développer librement son commerce avec le moins de frais, notamment par le libre-échange. Faire de sages lois qui ne puissent porter entrave à personne, en sauvegardant les intérêts de tous. Voilà la logique dans toute l'acception du mot.

Que chacun de nous porte sa pierre au nouvel édifice social ; on defait vite, on ne construit que difficilement : c'est l'œuvre gigantesque qu'a entreprise le socialisme et qu'il finira, coûte que coûte.

Ne soyons pas prétentieux ni égoïstes, travaillons tous pour la même cause : au relèvement de la France, considérant que le devoir d'un est le devoir de tous, et que le devoir de tous est le devoir d'un. (Unité et Harmonie).

Les vastes associations peuvent proclamer ce principe, qui n'a rien d'absurde ni d'utopiste, tendant à réaliser toutes les réformes.

Dix ont plus de forces qu'un, et cent plus que dix. L'entente de cent personnes forme une collectivité redoutable pour les exploiteurs de tous pays. Leur organisation et direction administrative n'étant plus celle d'un seul travail ou d'un seul individu, il en résulte que chacun se trouve placé selon ses aptitudes : une grande amélioration pour la collectivité en particulier et un sublime changement de bien-être pour la société en général. — C'est le moyen le plus expéditif d'abattre le paupérisme, de là, transformations successives sur toutes les branches ; un peuple ayant tout ce dont il a besoin, ne fait pas de révolutions violentes.

Il faut bien définir les causes et les effets de ces deux mots : révolution scientifique et violente. Le premier, signifie un revirement social économique, qui s'opère dans les esprits et dans les choses ; c'est le développement de l'intelligence humaine et du progrès.

Par exemple, toutes les inventions, quels que soient leurs noms : machines, téléphone, électricité, chemin de fer...... Ce sont des faits accomplis de révolutions scientifiques d'où surgissent les causes et les événements inattendus progressistes. Ce sont aussi les causes et les effets de l'instruction pratique et de l'éducation qu'on a reçu ; se plaçant au point de vue intellectuel.

C'est la science donnant toute l'aisance à l'activité humaine par la recherche de la vérité.

Quant à la révolution violente, c'est la reprise de par la force des fortunes dont les usurpateurs se rendent maîtres en volant le peuple, en l'écrasant sous le lourd fardeau honteux qu'on lui impose par les impôts pour tolérer les privilèges d'une seule catégorie de manants.

Mais ce système, ou mode de révolutionner un peuple pour changer son état économique, politique et social, ne doit être mis en pratique qu'à la dernière heure. Pour les opprimés, en faire le moins d'usage qu'on peut : cependant quand le besoin s'en fait sentir, il ne faut pas hésiter.

Tel n'est pas le cas du jour, c'est le motif qui fait demander la Révolution à certains réactionnaires ; ils voient d'un mauvais œil, qu'on les dépossède du régime précédent et du pouvoir, qui tombe entre les mains des Socialistes Scientifiques, le vrai domaine de la liberté, l'égalité et la fraternité.

Voilà ce qui a donné naissance à la conspiration et à son nouveau Messie, mais le gouffre terrible dans lequel s'est empêtrée la réaction, la met dans le néant pour son relèvement et où elle est descendue par ses crimes, ses orgies, ses turpides et ses vices ! (*Mea culpa*).

« Prudence est mère de sûreté » dit le proverbe, ne préconisons pas les moyens rétrogrades en nous emballant dans une contre-révolution violente inspirée par les réactionnaires. — ne soyons plus dupes.

Vive la République Démocratique et Sociale.

PARICH.

Saint-Antoine-Marseille. — Imp. Doucet.

www.ingramcontent.com/pod-product-compliance
Lightning Source LLC
Chambersburg PA
CBHW060732280326
41933CB00013B/2605